뫼비우스의 띠

박명래 시집

채운재 시선 206

뫼비우스의 띠

박명래 시집

사랑은 마음이 하나로 뭉친 정
정은 고소한 향기로 뭉친 사랑
사랑은 초콜릿
정은 누룽지
사랑과 정은 뫼비우스의 띠

도서
출판 채운재

시인의 말

오래전 정년을 앞두고 어느 순간 스치고 지나가는
"이제는 무엇을 하나"하는 두려움이 일었다.
의식주 환경 등 문명의 발달로
인간의 수명은 매년 늘어가고 있는데
내가 할 수 있는 영역은 점점 좁아 보였다.
빠르게 변화하는 사회(지식,환경,체력…)에
어떻게 적응할 것인가 하고 고민했다.
그래도 주변에서 열심히 살아가는 모습이 보기
좋다는 소리는 듣고 싶었다.
무엇이 좋을까? 하고 모색하다가
초등학교 시절 일기 쓰기, 글짓기가 떠올랐다.
재능을 떠나 오랫동안 지속적으로
할 수 있는 것을 찾아야 하는 터였다.
나의 상상력과 볼펜 한 자루면 가능한
취미 활동이라는 생각을 하면서 무작정 도전을 했다.
독학으로 글을 짓는다는 것이 쉽지 않았다.
인터넷으로 강의도 듣고 필요한 책도 보면서
노력을 했지만 어렵기만 했다.

그러던 차 지인의 소개로 한국문인협회에서

주관하는 평생교육원 시 창작 강의를
수강하면서 새로운 의욕을 갖게 되었다.

이혜선 교수님의 지도를 받으면서
시의 세계에 체계적으로 눈을 뜨면서
재미도 생기고 할 수 있다는 자신감을 얻었다.

나의 첫 시집
『뫼비우스의 띠』는 이런 과정 속에서
세상에 나오게 되었다.

현재의 수준은 부끄러운 정도이지만
첫 발을 떼어놓은 만큼 천리를 갈 수 있다는
집념을 갖고 계속해서 갈 계획이다.

첫 시집 출판을 위해서 아낌없는 지도를 해주시고
격 높은 해설을 써주신 이혜선 교수님께 진심으로
감사 말씀을 드립니다.
재주도 없는 내가 시를 짓는다고 했을 때
말없이 든든하게 지원을 해준 아내에게
고맙고 사랑한다는 말을 해주고 싶고
아낌없는 응원을 보내준 자녀들에게도
사랑한다는 말을 전합니다.

　　　　　　　2025. 늦은 가을.
　　　　　　　　　　　지은이 **박명래**

차례

시인의 말 … 4

제1부
봄

지구도 웃는다 … 12
막힌 벽 열린 문 … 13
지게와 작대기 … 14
뫼비우스의 띠 … 15
가는 봄 오는 봄 … 16
틈은 탯줄이다 … 17
벌거벗은 인테리어 건물 … 18
화살표와 화살 … 19
야누스 바람 … 20
애기봄 … 21
이삿짐을 싼다 … 22
텅 빈 텃밭 … 23
몸살 앓는 봄 … 24
온돌 봄바람 … 25
오로라 봄비 … 26
에덴동산의 유혹 … 27
야한 봄꽃 … 28
풍욕을 즐기는 아낙네들 … 30
눈을 가리는 욕심 … 31
경칩 … 32
사랑씨앗 … 33
들꽃 어머니 … 34
로켓 배송 … 35
불타는 여름 … 36

제2부

여름

향기등대 … 38
원조 캠핑카 … 39
돌담의 비밀 … 40
실뭉치 풀기 … 41
악순환 … 42
우물 안 개구리 … 43
놀부 소낙비 … 44
해수욕장 해당화꽃 … 45
세상을 바꾸는 다리 … 46
우리들 모습 … 47
바람과 오뚝이 … 48
요술쟁이 바람 화가 … 49
풀꽃 … 50
차도녀 얼음새꽃 … 51
봄색시의 축지법 … 52
황금 호박씨 … 53
아카시아꽃 … 54
징검다리 … 55
민소매 울타리 … 56
이팝꽃 … 57
멋진 어르신들 … 58
2024 파리 하계 패럴림픽 … 60
숫돌이 차린 밥상 … 62
대청마루 시회(詩會) … 63

차례

제3부
가을

뿌리 … 66
천 길 절벽의 노송 … 67
고속열차는 달리고 싶다 … 68
하나 되는 금수강산 … 70
백령도 홍어잡이 … 72
둥지를 잃은 텃새 … 73
뽕망치 … 74
가을은 봄이다 … 75
아름다운 가을 산 … 76
뿌리가 다른 단풍잎 … 77

돌고 돌아요 … 78
미술품 경매장 단상 … 80
황금 콩 타작 … 81
안다미로 … 82
어부의 꿈 … 83
황산벌 은행나무 … 84
산행 … 85
불멍 캠핑장 … 86
젊음이 숨 쉬는 공원 … 87

제4부
겨울

겨울을 꺾는 동백꽃 … 90
사랑을 굽는다 … 91
차이 … 92
분재 인간 … 93
염전 라면 … 94
새똥 … 96
참새와 허수아비 … 97
요지경 세상 … 98
우리를 기쁘게 하는 것들 … 99
숫눈길 … 100
목화송이 눈꽃 … 102

하얀 감나무 … 103
고드름 속 비밀 … 104
통 큰 폭설 … 105
함박눈 선물 … 106
우리 동네 꽃집 … 107
돌고 도는 계절 … 108
불침번 카톡 … 110
절벽 소나무 … 111
멋진 겨울 … 112
산에 오른다 … 113

차례

제5부
제5의 계절

자랑스런 울 아부지 … 116
자랑스런 울 엄마 … 117
어머니의 사랑 … 120
주말부부 … 121
그대 … 122
뽀뽀 … 123
아름다운 세 여인 … 124
덩굴장미꽃 … 126
나의 싸인 … 127

작품해설
이혜선(시인, 문학박사, 전 한국여성문학인회 이사장)
순박한 언어로 견인하는 자연 속 서정 … 130

1부

봄

지구도 웃는다

꽃은 비바람에 꺾이지 않는다
흙 내음 속에 피고 싶을 때
꽃망울 터트리며 웃는다

꽃가루를 저장한 처녀꽃들
꽃가루받이 기대에 설레며 기다린다

꽃가지마다 흥겹게 부채춤추면
봄을 기다린 새와 벌 나비
바쁜 날갯짓으로 꽃을 찾는다

꽃술을 물고 흔들며 사랑 나눈다
꽃가루 곳간은 화수분이다

산과 들에 색색의 꽃등불 피어나면
지구도 환하게 웃는다

막힌 벽 열린 문

벽이 있다
나는
멀리 돌아서 간다

벽은
오는 것도 막고
가는 것도 막는다

벽은 미로를 만든다
눈을 가리고 귀를 막는다

세상은 벽 쌓기 경쟁이다
명품이 있고 없고

힘이 있고 없고
벽은 이웃의 소리를 막는다

열린 문은 서로 받아들인다
세상 모두를 끌어안으며
마음의 그릇을 키운다

지게와 작대기

지게에 짐을 다 올리면
지게꾼은 작대기를 짚고 일어선다
콧노래 부르며 골목길을 누빈다

찾는 사람이 없으면 지게꾼은
양지쪽에 지게를 내려놓는다
작대기를 끌어안고서
담배 한 개비를 피워 문다
빨갛게 타들어 가는 담배
걱정이 지게 한 짐이다

더울 때나 추울 때나 짐이 있으면
어깨에 굳은살이 박혀도
처자식들 생각하면서
작대기를 짚고 힘차게 일어선다

지게와 작대기는
서로 떨어질 수 없는 가시버시다

뫼비우스의 띠

사랑은 마음이 하나로 뭉친 정
정은 고소한 향기로 뭉친 사랑

사랑은 초콜릿
정은 누룽지

사랑과 정은 뫼비우스의 띠

가는 봄 오는 봄

다시 돌아갈 수 없는 길을
가는 우리들

호숫가를 산책하면서
수면 위 잔물결 사라지듯
나이 주름 잠시 잊어 본다

풋풋한 복숭아 닮은 볼
옛날의 젊음이 돌아온 듯

클래식 음악을 들으며
레드와인 한잔 들고
내 가슴 꽃 피는 봄을 본다

계곡물은 강으로 천리를 흐른다
호숫가를 걷는 가는 봄 오는 봄

틈은 탯줄이다

햇빛 공기 물은 틈으로 몰래 드나든다
장독 속 간장을 명품으로 숙성시킨다
포장도로에도 풀꽃을 피운다

땅속 미생물 물속의 수초는
구름 틈으로 쏟아지는 햇살과 대화한다

틈은 길이 되어주면서
영양분을 받아들여 생명을 키운다
불가능해 보이는 것을 기적으로 일으킨다

틈은 탯줄이다

벌거벗은 인테리어 건물

핫한 도심 건물

천장에 매달린
오수관
급수관
배기관
모두 발가벗고 지나간다

란제리 패션쇼
섹시하게 런웨이 걷는 모델
적나라하게 보여주는 자신감

파격적인 벌거숭이 내부 인테리어
숨기고 싶어 하는 세상도
내 몸뚱이도 보여줄 수 있으면 좋겠다

속을 보여준다는 것은
내 마음속에 네가 있다는 것
너와 함께하고 싶다는 것
스마트폰 시대 사랑 방정식이다

화살표와 화살

지하철 에스컬레이터 화살표 따라
질서 있게 올라가고 내려가는 승객들

쇼핑몰 출입문 화살표 따라
자유롭게 여닫으며 드나드는 고객들
신나게 쇼핑하면서
비상시 대피를 안내하는 화살표도 본다

쇼핑 후 웃으면서 밖으로 나오면
화살표 신호대로 흘러가는 차량 행렬
언제부터인지 한 방향으로
세상을 이끌어가는 신기한 화살표

화살표는 만국 공통어다
인종 지위 신분 구별 없이 따른다

화살표를 따라가면
우주로 여행도 갈 수 있을 텐데

어리석은 사람들은
화살표 대신 화살을 쫓아가고 있다

야누스 바람

먹구름 몰아내고 기름진 논밭 만드는 바람
먹구름 몰고 와서 물바다 만드는 놀부 바람

만선을 꿈꾸게 하는 순한 바람
고기잡이배를 뒤집는 난폭한 바람

풍매(風媒)로 꽃에 열매를 맺게도 하지만
마을을 부숴버리는 무법자 태풍

참모습을 알 수 없는 야누스 바람
무자비한 횡포로 산과 들 바다가 오들오들 떤다

여기저기서 쏟아지는 비난의 소리
마을 입구의 진또배기*는 듣고 있을까
바람 신 풍백**은 이유를 알고 있을까

---

  * 진또배기 : 솟대의 강원도 방언. 삼재(바람,물,불)를 막아주는 수
　　　　　호신.
 ** 풍백(風伯) : 고조선 건국신화에 나오는 바람신.

애기봄

계곡
얼음장 밑으로
돌돌 구르는 소리

애기봄
아장아장
오는 소리

이삿짐을 싼다

2월 어느 날
낯선 손님 가벼운 옷차림으로
새 집을 보러 왔다

바싹 마른 가시덤불
잔설 녹은 자리 쏙~ 내밀고 있는 쑥
빨리 이사 오고 싶다고 한다

깜짝 놀란 동장군
이사 올 손님은 누구시죠
봄색시입니다

복수초
수선화
산수유
벌써 옆집으로 이사 왔습니다

머쓱해진 동장군
꽃샘추위도 기다리고 있는데 중얼거리며
서둘러 이삿짐을 싼다

텅 빈 텃밭

겨울이 가고 있다고
살짝 귀띔해 주는
잔설 속 노란 얼음새꽃

산자락 가시덤불
봄이 오는 소리
기지개 켜며 느릿느릿 물길 찾는다

텅 빈 텃밭
갈퀴로 긁어주니 숨 쉬는 대지
시원하다며 쏙 올라오는 새싹

봄은 텃밭에서 오나 보다
푸성귀 가꿀 꿈을 꾸며
행복한 주말부부

몸살 앓는 봄

골짜기 쩡쩡 얼음 깨지는 소리
눈 덩어리 쿵쿵 굴러 떨어지는 소리

여기저기서 끙끙 앓는 소리
떠나는 겨울의 발목을 붙잡는다

겨울잠 깬 개구리 왕눈 부릅뜨고
개울에선 버들강아지 시끄럽게 짖는다

가지마다 꽃몸살 앓으며 꽃눈 틔우고
언 땅을 뚫으며 솟는 여린 떡잎

뿌리 끝이 뭉그러지도록 파헤치며 찾아가는 물줄기
꽃샘추위 봄꽃을 깨우는 매화

찢어지는 진통 속에
꽃으로 태어나는 봄

온돌 봄바람

남녘에 누가 온돌을 놓았나
볼을 스치는 친숙한 온돌 봄바람

산과 들 안아주는 온돌 봄바람
멀어서 가기 힘든 곳
험난해서 길이 없는 곳
차별하지 않고 봄소식을 전한다

노루귀꽃 봄바람인가 귀를 쫑긋 세우고
하얀 궁뎅이 실룩거리며 뛰는 노루

낭떠러지 우뚝 선 늙은 매화
웃다가 꽃망울 터트린다

빠르게 찾아온 온돌 봄바람
윗들녘 아랫들판 늦잠 든 풀꽃을 뜨게 한다

온돌 봄바람은 넓으신 어머니의 사랑

오로라 봄비

새벽에 슬며시 찾아왔지만
낙숫물 소리에 알아차린 봄비
목이 마른 들녘 속 태우며 기다리던 봄비

초록 실 타고 오는 봄비
매화 가지에 봉긋한 꽃봉오리
어루만지며 눈물로 상봉한다

물안개 낀 가로등 위에 내려앉는
가느다란 초록 불빛
신비스런 오로라

통통 튀는 빗방울 소리
봄비와 호흡을 맞추며
흥겹게 탭 댄스를 추는 새싹들

에덴동산의 유혹

남산을 오른다
갑옷을 입은 소나무가 남산을 지킨다
껍질 속 숨겨진 남산의 이야기

천둥 번개가 위협하고 새들이 유혹해도
온갖 풍상을 견뎌온 남산 소나무
꿈쩍하지 않고 못 들은 척 말이 없다

보여준다고 다 볼 수 없다
모르는 척 사는 것도 유혹을 벗어나는 길이다

땅을 파다 바위가 나오면
욕심을 부리지 말고 멈추라는 신호다

야한 봄꽃

긴 겨울 힘을 키워
언 땅을 헤집고
겨울잠에서 눈을 뜬 아기봄

잔설에 둘러싸여
낮에는 옷을 풀고
밤에는 옷을 여미는 얼음새꽃

매운 겨울 흰눈 맞으며
꽃봉오리 여는 설중매
야한 홍매화 선비는 눈을 감는다

옆집 노란 산수유꽃 담 넘어와
동박새 맨 먼저 입을 맞춘다

실오라기 하나 걸치지 않고 추운 줄도 모르고
뽐내는 봄꽃들

봄꽃 중의 꽃은
미식가 벌 나비가 선발한다

풍욕을 즐기는 아낙네들

봄바람 머물고 간 들판
살랑살랑 봄 향기 유혹에
웅크리고 보물 찾는 아낙네들

날리는 치맛자락 추스르며
하얀 속살 드러내고 오리걸음한다
봄바람 풍욕은 덤이다

숨은 냉이를 캐고
밭이랑 헤엄치며
봄 향기로 바구니 가득 채운다

허리를 펴고
흘러가는 초록 구름
풋사랑 떠올리며 엷은 미소를 짓는다

봄나물로 차린 저녁 밥상
오손도손 행복한 초가삼간

눈을 가리는 욕심

나뭇잎이 지고 나니
늘 푸른 소나무가 보인다

쌩쌩 산을 뒤흔드는 된바람
바람 소리만 듣고
뻘거숭이 나무는 보지 못한다

따사로운 봄볕에
소리 없이 모습을 바꾸는 나무들
가지마다 싹 트는 겨울눈 보지 못한다

검은 겨울 산은 보면서도
잔설 녹는 것은 보지 못하는 사람들

작은 것을 본다는 것은
느긋함도 서두름도 아닌
욕심을 버릴 때 넓은 세상을 볼 수 있다

경칩

지구를 흔들어 깨운다

개구리는 계곡을 깨우고
꽃눈 잎눈은 숲을 깨운다

인간은
지구를 이산화탄소로 흔들어 깨면서
기후 위기로 몰아가고 있다
북극 남극의 빙하가 점점 사라진다

자연의 섭리를 거스르면
지구가 파괴되는 대재앙이 올 거라고
개구리는 개골개골 울부짖는다

사랑 씨앗

동토에서 살아 돌아온 하얀 민들레
맨땅이
입 맞추며 가슴으로 안아준다

고마움에 황소걸음 짓밟혀도
꼼짝 않고 묵언수행한다

들판 하얀 민들레꽃
솜털 홀씨 파도타기 한다

광야로 홀씨 시집을 보내는 엄마
호숫가 들판 길가에 사랑씨앗 뿌린다

들꽃 어머니

사는 것이 고달파서
가던 길옆에 잠시 멈추니
반겨주는 들꽃

한걸음 물러서서 보면
앞에 가는 사람의 일그러진 표정

끌려가듯 거친 숨 몰아쉬며
쓰러질 듯 지친 모습

움켜쥐려고 용만 쓰다
때를 놓치는 사람들

가야 할 길을 놓치고
지쳐서 길옆에 주저앉으니

한걸음 물러서서
"사는 게 힘들지?"
안아주는 들꽃

로켓 배송

화창한 봄날
환상적인 벚꽃 터널 둘레길

분홍꽃 선녀가 뿌려주는
꽃비 내리는 꽃길을 걷는다

성내천 길 환하게 웃는 벚꽃 속에서
그대가 웃고 있다

꽃길 따라 숨길 따라 함께 하는 그대에게
추억이 담긴 벚꽃 한 송이
축복 속에 로켓 배송한다

불타는 여름

지구가 펄펄 끓는다
산과 들이 타 죽는다고 아우성이다
사람들은 찜통더위 속을 걸으면서 사우나 한다

여름은 호들갑 떨지 말라며 모른 체 한다
태양도 못 들은 척 꿈쩍하지 않는다

자연재해와 온새미로* 싸우면서
풍성한 가을을 준비하는 여름

기후 변화를 받아들이면서
시나브로 오곡백과는 여물어간다

가을을 위하여 여름은 불탄다

* 온새미로 : 변함없이, 자연스럽게.

2부

여름

향기등대

긴 방황 도시생활 끝에
누구도 찾지 않는 무인도 절벽 바위
고향으로 돌아온 풍란

휘몰아치는 바닷바람 품어주고
맨살 바위 덮어주는 돌이끼를 벗 삼으며
제자리를 찾아 자유를 즐긴다

순백의 꽃 피운다
숨겨진 풍진세상의 향기
드넓은 바다를 덮는다

짙은 해무로 방향을 잃은 어선
풍란의 향기등대 따라
외딴섬 포구를 찾아간다

원조 캠핑카

대저택 고급 아파트 펜트하우스를
비웃는 달팽이

원조 캠핑카
단칸방을 등에 업고
잎줄기 고속도로를 하루 종일 달린다

살던 곳에서 떠나고 싶으면
망설임도 없이 짐을 싼다

더듬이를 곧추세우고
자연을 즐기며
쉬엄쉬엄 쉴 곳을 찾아간다

이슬 마시고 풀잎 먹는 채식 생활
친환경적인 건강한 삶을 산다

자유를 누리며 살아가는 달팽이
속이 텅 빈 단칸방에서 오늘도 유유자적

돌담의 비밀

시골 마을 고샅길 얼기설기 쌓은 돌담
수백 년 동안 태풍을 견뎠다

바람은 길이 막히면 파괴자로 바뀐다
큰 나무를 뽑고 지붕도 날려 버린다
튼튼하게 쌓은 담벼락도 무너뜨린다

숭숭 뚫린 돌담의 틈은 바람길이다
태풍은 길을 열어 주는
돌담을 순하게 지나간다

틈 없는 담벼락은 무너져서 울고
틈 있는 돌담은 바람을 보내며 웃는다

실뭉치 풀기

층간 소음 주차 공간 놀이터 아파트의 갈등
힘없는 경비 아저씨, 갑질하는 주민들

헝클어진 실뭉치를 풀던
어머니 모습이 떠오른다

침침한 방에서
안경 코에 걸고 거친 손으로
숨어있는 실 끝을 찾으려고
온 정신을 손끝에 집중하셨다

기적같이 실 끝을 찾아내고
사랑으로 옷을 지으시던 어머니

실뭉치를 풀 수 있다는 의지로
이웃을 사랑으로 손잡아주셨다

악순환

죽어가는 바다
윤기를 잃어가는 갯벌

강으로 바다로 흘러드는 쓰레기
넓고 깊은 바다는 분별없이 받아들인다

둥둥 떠다니는 해양 쓰레기
하얀 거품 물고 쉼 없이 밀어내며
바다를 휘젓는 파도

밀물 썰물도 밀려오며 밀려가며
썩어가는 갯벌을 정화 시켜보지만
악순환으로 위협받는 바다

태평양 공해상에 떠 있는 해양 쓰레기 섬
생선 뱃속에서 나오는 플라스틱 조각
중금속으로 오염된 밥상

막 버리는 쓰레기의 악순환
소리없이 죽어가는 바다
소리없이 죽어가는 사람들

우물 안 개구리

이래라저래라 실컷 간섭 해놓고
관심이라고 능청 떠는 어르신

낚시찌가 높이 솟구치면
큰 물고기 물었다고 벌떡 일어나는 강태공

모든 꽃은 향기가 있고
열매를 맺는다고 믿는

곰탕에는 곰이 들어있다고
박박 우기는

세상은 넓은데
동네 안에서만 맴도는

편견 오해 선입견으로 가득한 세상
우물 안을 바다라고 착각한다

놀부 소낙비

칠월의 강렬한 태양
이글거리는 아스팔트
숨이 콱 막히는 오후

갑자기

우당탕탕 천둥 번개 치고
버번쩍 레이저 쏘고
사방 포탄 터지는 소리

우르릉 쾅쾅
기암절벽 폭포수처럼
쏟아붓는 물 폭탄 소낙비
뻥 뚫리는 내 가슴

멋쟁이 아가씨들 혼비백산하며
물에 빠진 생쥐 꼴이다

넋을 빼놓는 놀부 소낙비
어느새 능청 떨며 무지개 띄운다

해수욕장 해당화꽃

끓고 있는 해수욕장
천 길 땅속 깊은 물 빨아들이는 뿌리
새빨갛게 피는 해당화꽃

사람들 홀린 듯
달궈진 모래알 밟으며 다가가
샛노란 꽃술에 코를 맞춘다

훌훌 벗어 버린
원시인과 현대인 뒤섞인 해수욕장
바닷가 조가비도 텅 빈 알몸이다

광활한 바다를 향해 피는 해당화꽃
남극 바다의 오싹한 해풍
시퍼런 하늘에 유빙 구름 흐른다

세상을 바꾸는 다리

건너갈 때는
징검다리

올라갈 때는
사다리

중심 잡을 때는
두 다리

끊긴 것을 이어주는 다리
마을 소문을 퍼뜨리는 다리
세상을 어둡게도 밝게도 하는 다리

다리는 세상의 등불
과거와 현재의 중간자다

우리들 모습

두더지 게임 오락실
살고 싶어서 튀어나오는 두더지

입시 준비생은 올라오는 두더지 머리를
긴 한숨 쉬면서 보고만 있다

취업 준비생은 경쟁에 지친 듯
망치로 엉뚱한 곳을 두들긴다

직장인은 두더지를 노려보면서 때린다
게임 점수가 올라간다

실직자는 직장에서 쫓겨난 앙갚음하듯
마구 두들겨 팬다

세상이 불공정하다고 화산 폭발하듯 분노하면서
약자한테는 망치를 휘두르는 우리들

바람과 오뚝이

바람 따라 먹구름이 떠다닌다
소낙비라도 쏟아질까
올려다보면서 멀거니 서 있다

세차게 강물이 소용돌이친다
강둑이라도 무너질까
굽어보면서 멍하니 서 있다

휘어졌다 튕기며 일어서는 대나무
화살이라도 날아올까

마음을 비우고 대나무를 바라보니
기우뚱거리다 벌떡 일어나는 오뚝이다
바람의 유혹에 흔들리지 않는 오뚝이

요술쟁이 바람 화가

바람 화가는
가을 하늘 화폭에
구름 물감 풀어 천장화를 그린다

귀여운 양떼구름 그려
가뭄에 약비를 내린다
까맣게 탄 농부 가슴 씻어준다

햇볕 쏟아지는 가을 하늘
예쁜 뭉게구름 그려
황금 들녘 오곡백과 영글게 한다

진한 먹구름 그려
천둥 번개 으르렁대며 물 폭탄 시련
온 누리를 쥐락펴락한다

쉼 없이 천장화 그리는 요술쟁이 바람 화가
구름 물감 풀어
아픈 지구를 치유해 주렴

풀꽃

살고 싶은 곳에서 살고
피고 싶을 때 피는

작지만 당당하고
들판을 꽃밭으로 만드는

마른 나무에 생기를 주고
외로운 바위 벗이 되어 준다

있는 듯 없는 듯한 향기는
허리를 굽혀야 맡을 수 있다

빈터에 옹기종기 모여서
들판을 빛내는 풀꽃

차도녀 얼음새꽃

언 땅의 틈을 비집고
잔설에 에워쌓여
황금색 꽃을 피우는 얼음새꽃

처녀비행 나온 꿀벌이
눈 속에서 첫 꿀을 맛보고
날개를 부르르 떤다

해 질 녘 꽃잎을 오므리고
해 뜨면 활짝 웃는 얼음새꽃

겨울의 끝자락을 온몸으로 버티는 얼음새꽃
꽃샘추위도 물러가라 호통을 치며
봄이 오는 길을 열어주는
차도녀 얼음새꽃

* 차도녀 : 차가운 도시 여자, 도도하고 세련된 젊은 여자.

봄색시의 축지법

겨울님!
편히 살펴서 가세요
봄바람이 인사한다

아침 햇살에
서릿발 흰 꽃기둥 스러진다

겨울잠 깬
개울이 흐른다

버들잎 닮은 버들치가 행진하고
연둣빛 능수버들 늘어선 성내천

꽃샘추위에 주눅 들지 않으려고
솜털로 중무장한 버들강아지

초록 동박새는 청아한 노래로
머뭇거리는 봄색시 초대한다

봄맞이 축제 늦지 않기 위해
봄색시는 숨겨둔 축지법을 쓴다

황금 호박씨

메마른 땅 호박잎 출렁이는 녹색바다
가녀린 호박 덩굴손
겁 없이 초고층 흙담 오르는 기상
벌 나비 불러 초록 담 호박꽃 축제 벌인다

이슬로 만든 꿀은 벌을 유혹하고
호박잎 사이 뽀얀 애호박이 고개 내민다

뜨거운 해를 보면서
둥근달 바라보면서
누렇게 익어가는 둥근 호박

노란 호박꽃 복주머니에 숨겨둔
황금 호박씨

아카시아꽃

푸른 오월 아카시아꽃
파도타기 하는 하얀 숲

푸른 잎 사이로
하얀 이 드러내는 복스런 오월의 꽃

철없이 흔드는 봄바람
꽃망울 터트리며
그윽한 향기 뿜어내는 꽃

꽃은 벌이 좋아
벌은 꽃이 좋아
상생하는 아카시아꽃

징검다리

디딤돌이 듬성듬성 놓여있는 실개천
징검다리는 집으로 가는 지름길이다

가위바위보
서로 이겼다고 먼저 가려다
미끄러져 엉덩방아 찧었지

급하다고 욕심부려 건너뛰려다
넘어져서 물에 빠졌지

해가 짧은 산골 마을
해지는 줄도 모르고
송사리 떼와 숨바꼭질했던
그 시절 졸졸 떠오르는 실개천

마음이 젖지 않도록 발판 되어준 디딤돌
봄 햇살 물비늘 정다운 징검다리

민소매 울타리

빨랫줄에 일광욕하는 솜이불
울타리 너머로 동네 어르신께 인사드린다

어미 닭 졸졸 따라가는 병아리 행진
반갑다고 꼬리로 인사하는 멍멍이

예쁜 민소매 울타리 밖에는
시끌시끌 말타기 놀이하는 아이들

뽀얀 살갗 숨김없이 보여주던
민소매 울타리는 사라지고
오를 수도 볼 수도 없는 벽돌담

동네 한 바퀴 돌면 오장육부 다 보이던
고샅길은 사라지고
매연으로 꽉 찬 찻길

중증 혈관 질환 앓는 성벽 아파트촌
그리운 민소매 울타리

이팝꽃

오월에 웬 눈(雪)!
가로수에 활짝 핀 하얀 이팝꽃

고된 삶을 이팝꽃 보며 넘겼던 보릿고개
가슴에 피맺힌 고봉 쌀밥 전설이 서린 꽃

가는 곳마다 먹거리 풍성한 마트
쇼핑몰에 계절 옷 넘치는 도시의 이팝꽃 나무 아래
끼니를 걱정하는 얼굴
짠내 나는 옷을 걸치고 웅크리고 있는 사람

풍요 속 어두운 도시 풍경
화석으로 살아 돌아온 보릿고개

떨어지는 이팝꽃잎은 빈털터리의 눈물
도시의 이팝꽃은 빈자(貧者)에겐 잔인한 꽃

멋진 어르신들

올림픽 공원 등나무 쉼터
이마에 굵은 주름이 자랑스런 어르신들

배고픈 보릿고개 넘어
잘 살아 보겠다는 생각 하나로
전쟁터 서독 광부 간호사 중동 건설 원양 어선
지구촌 어느 곳이든 두려워 않고 달려갔다

탈 없이 살아 돌아오기만을 눈물로 기다렸던
어머니 아버지

등나무 그늘에서 털어놓는 어르신들의 한 맺힌 역사
엉킨 등나무 가지가 듣고 있다

전 국민 똘똘 뭉쳐 치렀던 88 서울 올림픽
자랑스런 대한민국 세계로 알린 축제

탐스럽게 핀 등나무 꽃송이는
수고하셨다고 걸어드리는 보랏빛 금메달

올림픽 공원 등나무 쉼터
보릿고개 넘긴 무용담 꽃피우는 어르신들

2024 파리 하계 패럴림픽

신체장애를 극복하고
비장애인 경기종목을
실력으로 보여주는 패럴림픽

하고 싶은 열정
할 수 있다는 집념
피눈물 나는 노력

라켓을 입에 물고 하는 탁구
발가락으로 활시위를 당겨 쏘는 양궁
팔다리 없는 몸으로만 하는 수영

노력한 대로 경기가 잘 될 때
경기장을 집어삼킬 듯 사자후
진정한 도전 용기가 어떤 것인지 보여준다

보이지 않는 장벽을 깨려는 처절한 몸부림
불가능을 가능으로
절망에서 희망을 보여주는 인간 승리

시상대에 우뚝 선
선수들의 당당한 미소
세상에서 으뜸으로 아름다운 순간이다

숫돌이 차린 밥상

집집마다 있는 숫돌에
단골손님은 요리칼

녹슬고 무뎌진 칼날
숫돌에 스윽스윽 갈아주면
시퍼렇게 살아난다

숫돌은 닳고 닳아도
숫돌물 뚝뚝 떨어트리며 온몸을 내준다

숫돌과 칼
바늘과 실
서로 다르지만 한 몸이다

반짝반짝 빛나는 요리 칼로
요리하는 아내 뒷모습이 아름답다

도마 위의 마술 요리 칼춤
예술로 태어난 요리
생야채꽃 꽃게탕 화채 푸짐한 한 상
숫돌이 차린 우리 집 꽃밭 밥상

대청마루 시회(詩會)

시래기국 맛집 인사동 '대청마루'
지날 때마다 허기진 배를 유혹한다

탁 트인 공간에 즐비한 교자상
자민 문학회˚회원 들어선다

벽에 걸린 심산유곡 산수화
정자에서 가야금 뜯는 풍속화
구수한 시래기국
잠자던 시심(詩心)이 번뜩 깨어난다

대청 정자가 없는 대청마루
칼칼한 목을 축여주는 막걸리 맛은 최고다

둘러앉은 시반(詩伴)들
술독에서 숙성된 시어(詩語)를 걸러 낸다
시상(詩想)을 건져 올린다

˚ 자민 문학회 : 시를 사랑하는 사람들 모임.

3부

가을

뿌리

감나무가 쓰러졌다
간밤에 세차게 불던 바람에 뿌리가 드러났다

넘어지고 나서야
뿌리가 튼실하지 않았다는 것을 알았다

뿌리 덕분에 우뚝 서 있었고
감이 주렁주렁 열릴 수 있었다

잎이 푸른 감나무만 좋아하고
제사상 곶감만 생각했다

뿌리는 신성한 어머니의 자궁
해를 넘어 세대를 넘어 이어주는 생명이다

연어가 태어난 곳으로 수 천리를 찾아오듯
명절 때면 오매불망 달려가는 귀성행렬

넘어진 감나무를 보면서 나를 발견한다
고향을 지키고 계신 부모님은
나의 든든한 뿌리

천 길 절벽의 노송

천 길 절벽 틈에 홀로 고고하게
수천 년을 살아온 노송

절벽은 노송의 태반이고
절벽 틈은 탯줄이다

온새미로 모성애적인 인연을
수천 년 동안 지켜온 절벽 틈과 노송

핑계만 대고 냉소적인 세상
탐욕이 판치는 삭막한 세상에
보란 듯이 위용을 뽐내며 우뚝 서 있는
천 길 절벽 틈의 천년 노송

고속 열차는 달리고 싶다

제주도 남쪽 고기잡이배
봄 도다리 풍어로 어부들 파도웃음 짓는다

비릿한 풋내 나는 봄바다 향기
해녀들 숨비소리

남북으로 곧게 뻗은 철길
봄 바다 향기는 고속열차로 환승한다

차창 밖 터질듯한 산수유 꽃망울
검불잠에서 깨어난 벌나비

춘곤증에 꿈속을 달리면서
봄의 금강산을 유람한다

남녘의 봄소식을 싣고 북쪽으로 달리지만
군사 분계선에 가로막혀 멈춰 선다

피난민의 한이 맺힌 한탄강
다시 또 긴 한숨을 토한다

바람만이 자유롭게 오갈 수 있는 북녘땅
꿈에 본 생생한 고향의 고샅길

핏줄 찾아가고 싶어 울부짖는 기적소리
고속열차는 달리고 싶다

하나 되는 금수강산

천칠십 년 전 분화(噴火)한 백두산
민족의 영산
단군 신화 태어난 곳

화산 폭발하듯 솟아오른 화염 단풍
웅장한 용암 단풍 흘러내리면서
계곡에 벽화를 그린다

한민족의 열정이 활활 타오르는 한반도
산자수려한 백두대간 풍악산 설악산의 복자기 단풍

남으로 내달리는 지리산의 가을
무지개다리를 건너
망망대해 우뚝 솟은 장엄한 한라산에 불 붙인다

천 년 전 분화(噴火)한 한라산
흰 사슴 노닐던 전설의 백록담

천년을 떨어져 살아온 형제 분화구
천지와 백록담은 홍익인간 정신이 담긴 곳

만추로 하나 되는 삼천리 금수강산

* 복자기 단풍 : 단풍 중 가장 붉은 단풍

백령도 홍어잡이

비늘 반짝이는 새벽 바다
숨바꼭질하는 구름과 달

먼바다에서 급하게 달려온 파도
천둥소리로 외치는 풍어 소식

파도는 새벽잠 빠진 어부들의 자명종
뱃머리에 계속 부딪히며 깨운다
"어서 일어나 고기 잡으러 가자"

신이 나서 닻을 올리는 포구
만선을 꿈꾸며 내달리는 어선
엔진소리는 실향민 어부들 심장소리

북방한계선 바다는 홍어 황금어장
남북 홍어 떼 술래잡기하는 인당수[*]
서해 북방한계선 아슬아슬한 백령도 홍어잡이

[*] 인당수 : 백령도와 북한 장산곶 사이 해협.

둥지를 잃은 텃새

겨울은 칼바람이 주인이다
된 바람이 뼈만 남은 숲을 할퀴고 지나간다

봄은 꽃이 주인이다
꽃 피는 푸른 숲은 훤하다

난개발로 몸살 앓는 산자락
우후죽순 자라듯 솟아나는 아파트 숲

떴다방 부동산이 난립하면
새로 지은 아파트 주인은 복부인이다

둥지를 잃은 텃새
텃밭을 잃은 사람들 갈 곳이 없다

뽕망치

처음 만났을 때 좋았다
사랑할 때는 더 좋았다

다툴 때는 미웠다
한발 물러서지 못한 자신이 더 미웠다

헤어지자고 할 때는
죽고 싶을 만큼 힘들었다

그때를 얼마나 기억하고 살아갈까
뽕망치 한 방 맞고 다시 태어난다

가을은 봄이다

가을은 봄이다
들과 산에 꽃이 핀다

들에는
오곡백과 영글면서
노란 꽃이 핀다

산에는
푸른 잎 물들면서
단풍꽃이 핀다

파란 하늘에는
구름 꽃향기 빛이 되어
산야에 고루 비춘다

가을은 꽃피는 봄이다
고목에도 꽃이 핀다

아름다운 가을 산

가을 산을 오른다
굽이굽이 돌고 돌아 오른다

후드득 쏟아지는 도토리
빛나는 알밤 톡톡
숲의 타작 소리 풍년 소리 호강하는 귀

조랑조랑 열린 머루랑
다래다래 달린 다래랑
얼키설키 으름덩굴
갈 길 멈춰 세운다

꾀꼬리단풍 노래에 넋을 잃는다
울긋불긋 숲이 살아온 흔적

꼬부랑 내리막길
연륜 쌓인 낙엽 있어 가벼운 발길
삶을 다시 채워주는 가을 산

뿌리가 다른 단풍잎

빨강 단풍잎 하나
날아와
내 마음 뜨겁게 달군다

물든 은행잎 하나
찾아와
내 마음 차분하게 달랜다

빨강 노랑 단풍잎
뿌리는 다르지만 서로 감싸준다

다시
가을이 오고 단풍이 들면

서로 다른 가을 빛깔 포옹하면서
색동 단풍 향기 함께 마시고 싶다

돌고 돌아요

일터
약속
환승

지하철 에스컬레이터
오른쪽은 안전 손잡이 잡고
편안한 시민들

왼쪽은 쫓기듯 바쁘게
살아가는 시민들

그 옆 돌계단은 건강 챙기고
실속 있는 시민들

에스컬레이터 부근
부딪히며 촌각을 다투는 고달픈 시민들

돌고 도는 에스컬레이터
오른쪽 왼쪽 함께 돌아요
나만 도는 것이 아니에요

넘어지지 않도록 중심을 잡으세요
힘들다고 하지 마세요
지구도 돌고 돌아요
삶도 돌고 돌아요

미술품 경매장 단상

무명 화가
신비한 남녀 누드 그림
미술품 경매장 웅성웅성한다

도슨트
외설, 예술
아리송한 미소만 흐른다

소더비스 미술품 경매장
신비한 남녀 누드 그림
최고 경매가 기록을 경신한다

그림 수집가들
소장 가치가 무한대란다
예술의 세계는 무한적 자유다

황금 콩 타작

울엄니 머리에 흰 수건 두르고
멍석에 잘 마른 콩대
투드럭투드럭 도리깨질한다

힘든 세월 한탄하듯
손바닥 부르트는 줄도 모르고
도리깨 돌리고 또 돌린다

콩대는 비명 지르며 알 콩을 토해낸다
멍석에 쌓이는 눈부신 황금 콩
콩 농사 풍작으로 라온한˚ 울엄니

신이 나서 검불 섞인 황금 콩 키질한다
키바람에 뒤집어쓴 흙먼지로 머드팩한 울엄니
하얗게 웃는 얼굴은 숭고한 농심의 미소

* 라온한 : 행복한, 즐거운, 기쁜

안다미로*

지나가는 색바람**에
한들한들 흔들리며 피는 코스모스꽃
안다미로 가을을 알린다

불어오는 된바람에
쓰러질 듯 흔들리며 피는 억새꽃
하얀 겨울을 알린다

모질게 불어오는 칼바람에
꼬꾸라질 듯 흔들리며 피는 인생꽃
나누면서 살다 보면 안다미로 봄이 오겠지

* 안다미로 : 담은 것이 그 그릇에 넘치도록 많게라는 뜻의 순우리말.
**색바람 : 이른 가을에 부는 바람.

어부의 꿈

석양 머리 윤슬 바다
놀빛 속으로
빨려 들어가는 붉은 진주
해돋이를 그린다

작은 어촌 갯벌
어선 한 척
밀물을 기다리고
어부는 만선의 꿈을 그린다

황산벌 은행나무

황산벌 우뚝 서 있는
노란 불꽃 은행나무 한 그루
백제 황금 왕관 쓰고 서있다

샛노란 은행잎
주렁주렁 열린 은행
계백의 후예들

천년이 지나도
연무대 젊은이들 우렁찬 함성
충절이 숨 쉬고 있는 내 고향

산 행

숲 바람은
산 정상을 향해 불고

숲의 소리는
고집스런 내 마음을 열어준다.

신록은 진한 녹색으로 바뀌고
아름드리 소나무 나이테가 늘어난다

이마에 굵은 주름 나이테 생겨도
산이 좋아 오르고
숲을 보며 오른다

흐르는 물이 깨끗하고
부는 바람이 상쾌하다

산의 정상을 향해 내딛는
당당한 발걸음은 새로운 도전이다

불멍 캠핑장

숲 향기 골물 내음 어우러진
골짜기 캠핑장

타닥타닥
모닥불 타는 소리
코펠에서 물 끓는 숨소리

우수수 지는 낙엽
모닥불 속으로 파고들면
솟아오르는 불꽃

등걸불 탁탁 튀는 반짝 별
밤하늘 빛나는 윤슬 은하수

순식간에 불타며 사라지는 별똥별
삶을 뒤돌아보게 하는 불멍 캠핑장

젊음이 숨 쉬는 공원

올림픽 공원 푸른 언덕
흐드러지게 라일락꽃이 피었다

연인의 체취가 숨 쉬는
향기 쌓인 잔디를 밟으며 걷는다
싱그러운 보랏빛 향기의 포로가 된다

조용한 호수
뺨을 부비며 놀던 원앙 한 쌍
수줍은 듯 수풀 속으로 숨어든다

새들과 어우러진 숲마당
향기 젖은 향기 따라 모여드는 젊음

긴 머리칼 흔들며 괴성을 지르는 기타 연주자
한을 풀 듯 부서져라 두드리는 드럼 연주
끼 넘치는 K- 팝 버스킹

샛노란 쇳물을 쏟아내듯 열기를 토한다
젊음의 함성 속에 공원은 하나가 된다

4부

겨울

겨울을 꺾는 동백꽃

흰 눈 펑펑 쏟아지는 바닷가 언덕
샛노란 불꽃 꽃술
들불 번지듯 일어나는 동백꽃 불

상고대 눈꽃 속에 홀로 붉은 꽃
성에에 주눅 들지 않는 짙푸른 잎새
물러설 줄 모르는 젊은이의 기백

동장군에 맞서 활활 타올라
혹독한 겨울을 꺾는 동백꽃

* 해병대 창설 제75주년을 맞이하여 바치는 글.

사랑을 굽는다

빙판 아스팔트
고층 빌딩 골목길
손수레 붕어빵 가게

철커덕철커덕 빵틀이 돌아간다
사람들 발 동동 구르며 줄지어 서 있다

칼바람 휘몰아치는 빌딩 골목
찢어질 듯한 바람막이 비명 소리에도
귀마개 모자 쓰고 웃으며 빵 굽는 아저씨

언 손으로 건네주는
붕어빵 한 봉지 따듯한 정이 흐른다

언 입으로 베어 무니
하얀 입김을 모락모락 피우는 붕어빵
꽁꽁 얼었던 마음이 눈 녹듯 사라진다

사랑으로 붕어빵 굽는 아저씨
겨울을 봄날같이 따습게 한다

차 이

행동하는 사람은
결승선에 가 있고

생각만 하는 사람은
출발선에 서 있다

분재 인간

소나무 모과나무 느티나무...
춘란 한란 풍란...
수석과 어우러진 분재
전시장 찾은 동호인들 감탄, 또 감탄한다

분재사는 식물의 본성을 무시한다
성장을 억제하고 가지를 잘라내고
철사로 줄기 가지를 뒤틀고 칭칭 감는다
돌에 붙이고 꽁꽁 동여맨다
제한된 햇빛 물을 공급한다
오로지 명품 분재만 생각하는 분재사

자유는 없고 사육만 있는 분재
고향을 그리며 죽어가는 분재

우리의 생활 공간은 분재원
선택받는 분재 인간

염전 라면

골목길 술집
자글자글 끓는 시래기 감자탕

탁자에 마주 앉아
술을 따르고 받으면서
하루의 피로를 푼다

국물이 졸아들면
아주머니~ 육수 좀 더 주세요
인정이 뽀글뽀글 끓는다

빈 술병이 늘어간다
이야기도 세월을 넘나든다
얼굴이 세월에 물들어 간다

얼큰한 국물에 라면을 넣는다
술을 몇 번 더 따른다

국물이 쫄은 라면
냄비에 눌은 라면
먹을 때를 놓친 소태라면

난생처음 염전 라면이 탄생했다

새 똥

새는
공중에서 똥을 갈긴다
온 세상이 해우소다

길 가는 사람 얼굴에
가속도 붙은 새똥이 떨어진다
얼이 빠져 한동안 우두커니 서 있다

길 가던 사람
"십 년은 재수가 있겠다."며
너스레를 떤다

새똥은 그저 떨어졌을 뿐이다
날벼락 맞은 사람은 황당하다

똥을 싼 새는 시치미를 떼고
더 높이 날아간다

참새와 허수아비

황금 들녘
허름한 모자 눌러쓰고
황금벼 지키는 허수아비

참새 쫓기 위해서
밤낮으로 매복 근무한다

아무 때나 날아오는 조해전술(鳥海戰術)에
속수무책으로 당하는 허수아비

최첨단 방범 장비 줄 깡통을 설치한다
황금 들녘 줄 깡통 소리 요란하면
잠시 피했다 다시 오는 불청객

양팔 벌려 줄 깡통만 흔드는 허수아비
영리한 참새는
흔들리는 줄 깡통 줄에 앉아서 놀고 있다

요지경 세상

아파트는 동물농장
부모는 추방당하고 애완동물이 사랑을 점령했다
유모차는 사라지고 개모차만 있다

대화는 카톡으로
만남은 영상통화로
생계는 주문 택배로

지하철에서도 스마트폰의 노예가 된다
이어폰으로 틀어막는 귀
경로석은 세대 간 단절된 외딴섬

짧은 휴일 긴 연휴에도
낳은 정 기른 정 외면하고
여행 떠나는 신세대

차창에 스치는 숲
고목과 어린 나무가 어우러진 숲에서
지난날 대가족의 아름다움을 본다

우리를 기쁘게 하는 것들

들판 빈터에 들꽃
자투리땅에 들꽃
좁든 넓든 꽃을 피우는 들꽃
우리를 기쁘게 한다

낭떠러지
위세도 당당하게
서 있는 소나무
우리를 기쁘게 한다

엉성한 틈으로
겁도 없이 태풍에 맞서
무너지지 않는 돌담

새 생명을 위해 모천회귀하는 연어
망망대해 거친 계곡 거슬러 오른다
온몸이 찢기는 고통을 견디며

우리를 기쁘게 한다

숫눈길

첫눈 내린
오솔길

뽀드득뽀드득
첫눈 밟는 발자국 소리
심장이 콩닥콩닥 뛰었던
숫눈길

함박눈 맞으며
뒹굴었던 눈밭
하얀 입김 하얀 마음
눈사람 하얀 손은 따뜻했다

순백의 들판
휘익 불어오는 눈바람
내 마음 들킬까 봐

옷깃을 여몄었다

첫눈이 내리면
그때 그 시절 그리며
지금도 두근거리는 숫눈길

목화송이 눈꽃

목화송이 눈꽃 펑펑
하얀 오솔길

운치 있는 설송(雪松)
가지에 핀 영롱한 얼음꽃

비우고 내려놓고
눈사람이 되어
무작정 걷는다

목화송이 눈바람
눈꽃 안개꽃 피워내며
이른 봄을 선물한다

하얀 감나무

고욤나무는 감나무로 크고
앙증맞은 노란 감꽃
개구쟁이들 공기놀이한다

푸른 감잎 낙엽 되면 감잎차 끓여
겨울철 감기 다스린다

찬 이슬 먹은 주홍감
차례상 올리고
울아부지 술 속 풀어 드린다

꼭대기 마지막 남은 까치밥
윙크하며 깍깍 노래하는 까치

가진 것 다 내어주고
함박눈 곱게 차려입은
눈부시도록 하얀 감나무

고드름 속 비밀

석회동굴 종유석에
지구의 비밀이 숨어 있다

벼농사 비밀이
고드름 속에 숨어 있다

묵은 짚 초가지붕 처마 밑
밤사이 고드름 열렸다

아침 햇살에 눈부신 고드름
뚝뚝 떨어지는 물방울
농부 이마에 맺혔던 땀방울이다

길고 짧게 뻗은 고드름 실로폰
높고 낮은 낙숫물 소리
풍년을 노래하는 농악소리가 들린다

고드름 실로폰 농악 연주 들으며
아버지는
긴 겨울 지나 볍씨 뿌릴 날 기다린다

통 큰 폭설

하얀 눈꽃 감나무
폭설 속에 핀 홍시꽃
까치 집배원이 바쁘다

시든 꽃대 위에도
하얗게 피어난
눈꽃 향기로 가득 찬 겨울 정원

흰 눈 덮인 바둑판 논
농수로 전봇대에 긴 가래떡 전깃줄
만석꾼 꿈을 심어주는 폭설

삭풍이 할퀴고 간
깡깡 얼어붙은 보리밭 덮어주고
꺾이지 않는 생명력을 불어넣어 주는 통 큰 폭설

함박눈 선물

함박눈 펑펑 쏟아지는 날은
사막의 오아시스를 만난 기쁨이다

함박눈 맞으며 눈사람이 되어 걷는다
설산의 하얀 원시림
남극의 대설원을 상상한다

함박눈 밟으며 가다 보니
썩지 않는 비닐봉지 새카맣다

세상을 덮어주는 함박눈
거대한 도화지를 선물한다

기후 변화로 파괴되고 있는 빙하
남극을 지키고 있는 펭귄을 그린다

우리 동네 꽃집

꼬마들이 모여서 꽃구경하는
우리 동네 꽃집

쇼윈도로 보이는 장미 카네이션 안개꽃..
아이들은 고사리손으로 가리키며
자기꽃이 더 예쁘다며 깔깔댄다

떠들던 아이가 갑자기 달려간다
엄마 손을 잡고 꽃집 가자고 조른다

아이가 좋아하는 깔깔꽃
함께 환하게 웃는 엄마의 사랑꽃

행복이 숨 쉬는 우리 동네 꽃집
시들지 않고
오래오래 피어있기를

돌고 도는 계절

아스팔트를 녹이는 불볕더위, 가뭄
폭포수로 쏟아지는 장맛비, 홍수
온갖 재해 맞서다가 지친 여름

초대받은 체력 좋은 가을
코스모스꽃 일렁이는 리듬 속에
훌라춤 추면서 라온하게 등장한다

들판 한가운데 허수아비
깡통 풍악 울리면서 양팔 벌려 환영한다

끝이 보이지 않는 황금 들녘
땀 내음은 참깨 향기로 가득하다

대풍년을 선물한 유두 할아버지께
흥이 넘치는 농무 추며 두레패가 큰절한다

질화로 잉걸불에 알밤 굽는 겨울밤
봄 농사 얘기로 긴긴밤을 지샌다

시련도 주지만 땀을 흘리면 채워 주는
돌고 도는 계절

* 유두 할아버지 : 음력 유월 보름날 하늘에서 내려오는 농사신.

불침번 카톡

꼭두새벽
카톡 카톡
숨 가쁘게 날 찾는 소리

단잠에서 깨어나
급하게 휴대폰을 더듬는다
급한 일이 있어서 보냈을 텐데...

모르는 사람이 보낸 문자다
황당 실망 짜증...

누구나 한 번쯤은 할 수 있는 실수
어떤 이모티콘을 보내 줄까
노(No) 더하기
"힘내세요"라고 웃음꽃을 보내 준다

숨넘어가는 카톡 소리
잠든 지구촌을 깨워주는 불침번

절벽 소나무

넓은 세상에
누구도 갈 수 없고
도저히 생존할 수 없는
기암절벽에 터를 잡고
독야청청한 절벽 소나무

남 탓하지 말자
서두르지 말자
불가능은 없다
침묵으로 외치고 있다

멋진 겨울

차디찬 겨울
말없이 찾아왔기에 눈치 주면서
빨리 가라고 쫓았다

속 좁고 야속하다고
더 큰 추위를 주면서 꼼짝 않는 겨울

때가 되니
통 큰 겨울 떠나갔다

살을 에는 강추위를 견디면서
안으로는
뭇 생명 보금자리 키워 왔구나

갈 때가 되었다며
머지않아 꿈속의 봄이 온다면서
미련 없이 떠날 줄 아는 멋진 겨울

산에 오른다

산봉우리는 얼마나 달라졌나
바위는 허물을 얼마나 벗었나
천 길 절벽은 얼마나 깊어졌나
궁금해서 산에 오른다

숲은 얼마나 건강해졌나
노송은 얼마나 더 멋져졌나
풀꽃 향기는 얼마나 남아 있나
보고 싶어서 산에 오른다

뒤죽박죽된 머릿속 정리도 하고
꽉 막힌 가슴도 열어주고
새 다리에 힘 올리려고
산에 오른다

무거운 머리로 산에 올라도
내려올 때는 나뭇잎처럼 가벼워진다

생물 무생물을 품고 있는 산
달라진 내 모습이 보인다

5부

제5의 계절

자랑스런 울 아부지

일제 강점기 암울했던 시절
덕망가의 후손으로 태어나
할아버지 따라서
천주교 입교하시고
소중한 자유를 깨달으신 울 아부지

해방 후
삼십 대 젊으신 나이에
공산주의자들과 맞서 싸우셨고
한국전쟁 시 반공 활동을 하셨다
빨갱이 놈들에게 희생당하셨다
큰 뜻을 이루지 못하신 울 아부지

논산시 은진 관촉사 입구
자유 수호 순국 지사 위령비
이름 석 자 남기신
자랑스런 울 아부지

막내아들은
아부지의 큰 뜻을 기억하겠습니다

자랑스런 울 엄마

엄마 더 먹어
아니 난 배불러
하루 종일 배고팠을 텐데
어서 너나 더 먹어
사랑으로 챙겨주시던 울 엄마 밥상

엄마 어디 아파?
아니 괜찮아
좀 쉬면 나아질 거야
걱정할까 봐 늘 하시던 말씀

충북 옥천 부유한 집안에서
근대교육받은 규수로
논산으로 울 아부지에게 시집오셨다

한국 전쟁 때 반공 활동하신
아부지를 여의시고
어린 오남매를 홀로 키우셨다

삼십 대 청상과부로 모진 풍파 속
형제자매끼리 우애 있게 지내고
홀어미 자식 소리 듣지 않도록
언행 조심하게 하시며
이웃과는 콩 한 쪽도 나누고 살아가라고
가르치셨다

언제나 맛있고 좋은 것은 어린 오남매 먼저였고
해진 옷을 입으면서도 예쁘지? 하셨던 울 엄마

어린 오남매에게는 사랑을 베푸셨고
기댈 어깨만 내어주시고
번듯하게 키워주신 자랑스런 울 엄마

따뜻한 밥상 한번 제대로
차려드리지 못했다

이승에서의 한도 원망도 미움도
다 내려놓으시고
생전에 그토록 보고 싶어 하던
아부지 곁으로 가셨다

늘 아부지가 불쌍하시다고
말씀하시던 그리운 엄마

오늘은 하늘나라에 계신
보고 싶은 엄마와 영상 통화를 해야겠다

여보세요 엄마 나야 나! 막내아들
무용지물인 줄 알면서도 스마트폰 들여다보며
불러 보고 싶은 엄마

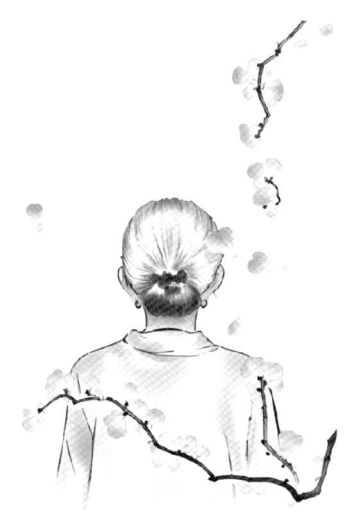

어머니의 사랑

세상 사람들은
머리로
사랑을 한다

어머니는
가슴으로
사랑을 하신다

주말부부

날마다
베개 하나

오늘은
베개 둘

기쁜 날
아내가 오는 날

그대

그냥
생각만 해도
두근거려요

이름만 불러 보아도
신이 나요

바람결에
그대 숨소리 들으려고
귀를 기울여요

하늘을
바라보면
웃고 있는 그대가 있어요

언제나
내 마음속에는
그대만 있어요

* 부부의 날을 기념하면서(2022.5.21.)

뽀뽀

영화 속 주인공
타이밍 맞춰서
자연스럽게 잘하는데

나는
왜
안되지?

아름다운 세 여인

예쁜 봄날
평범한 옷차림으로
성내천 둘레길을 걷는다

봄바람 속 도란도란하는 이야기
벚꽃이 재미있다고 활짝 웃는다

아내
딸내미
며늘아기
벚꽃보다 예쁘다

피어있는 벚꽃만 보지 않고
떨어진 꽃잎을 더 사랑하는

마음씨
솜씨
맵시
말씨
벚꽃보다 더 예쁘다

가족을 위해서
궂은일 마다 않고
헌신하는 아름다운 세 여인
오래오래 사랑하고 싶다

덩굴장미꽃

감나무에 올라간 덩굴장미꽃

지나가는 바람에
여린 감잎 사이로
까꿍

해맑은 어린 손주 얼굴

나의 싸인

어찌 보면
새싹

어떻게 보면
장난감 팔랑개비

또다시 보면
새마을 운동모자 표지 같고

생각하고 보면
나의 심장

작품해설

순박한 언어로 견인하는 자연 속 서정
-박명래 시 세계

이혜선(시인, 문학박사, 전 한국여성문학인회 이사장)

작품해설

순박한 언어로 견인하는 자연 속 서정
-박명래 시 세계

이혜선(시인, 문학박사, 전 한국여성문학인회 이사장)

1. 들어가며

 박명래 시인은 이번 시집에서 다양한 관심사를 노래하고 있다. 자연 속에서 노니는 자연 친화적인 시, 사회의식의 발현으로 나타내는 각종 세태 비판, 사람 살이의 이법, 기후위기, 민족의 한恨과 아픔에 공감하는 시, 가족사랑 등 다양한 시 세계를 펼쳐낸다.
 빅토리아 시대의 계관시인이었던 알프레드 테니슨(Alfred Tennyson, 1809~1892)은 '시인의 명성을 갖는 것보다 시적인 마음(詩心)을 지니는 것이 훨씬 중요하다'고 하였다. 이는 겉으로 드러나는 평판이나 명성에 얽매이지 않고 시를 쓰는 내면의 순수한 열정과 마음가짐이 더 중요하다는 것을 강조하는 의미다. 박 시인은 이처럼 순수한 열정으로, 살아가면서 눈 닿는 도처에서 시심을 이끌어낸다. 그만큼 시심이 충만한 시인이다.
 그의 시의 장점은 쉽게 읽힌다는 것이다. 현학적 표현이

나 상징과 알레고리 등을 거의 사용하지 않고 순박한 언어로 독자를 견인한다. 그는 일상에서 마주하는 사람과 자연과 사물과 모든 현상에 대하여 시의 촉수를 꽂아놓고 시심을 길어 올린다. 그의 시는 편 편마다 나름의 메시지를 지니고 있으면서도 쉽게 읽히기 때문에 큰 호소력과 울림으로 독자에게 다가간다.

2. 자연친화의 시세계

시인의 자연에 대한 사랑은 남다르다. 그는 남한산성 아래 살면서 틈만 나면 산에 올라 자연을 관찰하고 자연에서 사람살이의 이법理法을 유추하고 사색한다. 그래서 시인은 사계절의 자연과 대화하고 있다. 삭막한 도시인의 삶에서, 바쁜 일상을 벗어나 산과 숲에서 시간을 보내며 자연의 아름다움과 소중함을 느끼는 시간은 사람의 마음을 여유롭게 하고 위안과 위무의 손길로 쓰다듬어 준다. 이러한 자연에 대한 사랑과 친화는 더 나아가서 기후위기와 환경오염의 심각성을 깨닫게 하고 사람 살이의 이법을 깨닫는 지혜를 준다.

2월 어느 날
낯선 손님 가벼운 옷차림으로
새 집을 보러 왔다

바싹 마른 가시덤불
잔설 녹은 자리 쏙~ 내밀고 있는 쑥
빨리 이사 오고 싶다고 한다

깜짝 놀란 동장군
이사 올 손님은 누구시죠
봄색시입니다

복수초
수선화
산수유
벌써 옆집으로 이사 왔습니다

머쓱해진 동장군
꽃샘추위도 기다리고 있는데 중얼거리며
서둘러 이삿짐을 싼다
- 「이삿짐을 싼다」 전문

  독자는 '이삿짐을 싼다'고 하면 본인의 이사 이야기라는 선입견을 가지고 이 시를 읽을 것이다. 그런데 시인은 엉뚱한 이야기로 독자를 즐겁게 한다. 즉 봄이면 먼저 돋아나는 생명력 강한 쑥이 새집을 보러 와서 빨리 이사 오고 싶다고 한다. 깜짝 놀란 동장군에게 복수초, 수선화, 산수유는 벌써 옆집으로 이사 왔다고, 빨리 집을 내놓으라 채근한다. 떠날 듯하다가 머물고, 떠나가다가도 다시 꽃샘추위를 불러와서

꽃들을 얼게 하는 겨울에게 하는 봄색시의 경고장이다. 겨울과 봄이 교차하는 시기에 누구나 빨리 봄이 오기를 기다리는 마음을 위트있게 그려내고 있다. 재미있는 표현 속에 자연의 순환이법을 느끼게 해준다.

> 남녘에 누가 온돌을 놓았나
> 볼을 스치는 친숙한 온돌 봄바람
>
> 산과 들 안아주는 온돌 봄바람
> 멀어서 가기 힘든 곳
> 험난해서 길이 없는 곳
> 차별하지 않고 봄소식을 전한다
>
> 노루귀꽃 봄바람인가 귀를 쫑긋 세우고
> 하얀 궁뎅이 실룩거리며 뛰는 노루
>
> 낭떠러지 우뚝 선 늙은 매화
> 웃다가 꽃망울 터트린다
> ─「온돌 봄바람」 부분

남녘에 먼저 와서 북쪽으로 점점 영역을 넓히며 올라오는 봄을 두고 남녘에 누군가 온돌을 놓아서 '온돌 봄바람'이 온다고 노래한다. 그 바람은 산과 들을 안아주고 노루귀꽃과 매화를 피우고 늦잠 든 풀꽃도 눈 뜨게 해준다. 우리

조상들의 독특한 발명품인 온돌은 현대인들에게도 온수 보일러로 방바닥을 데워주어 두한족열(頭寒足熱), 즉 바닥에 닿는 발은 따듯하고 머리는 서늘하게 하여 인체의 건강과 면역력을 증진하고 마음을 따뜻하고 여유롭게 해준다. 온돌은 한국인의 건강한 생활방식과 지혜가 담긴 '국가 무형문화재'로 지정되고, 그 가치를 세계가 주목하여 배우고 있으며 서유럽, 중국, 미국 등 여러 국가에서 온돌을 설치하는 등 세계로 진출하고 있다. 시인은 이처럼 조상의 지혜가 담긴 '온돌'을 바람과 결부시켜 따뜻한 봄을 불러오게 하고 나아가 '넓으신 어머니의 사랑'으로 확장하고 있다.

「지구도 웃는다」에서도 '꽃은 비바람에 꺾이지 않는다'라고 전제하고 '꽃가루를 저장한 처녀꽃들'이 새와 벌나비와의 사랑으로 '산과 들에 색색의 꽃등불'을 피우면 '지구도 환하게 웃는다'고 자연 사랑과 자연의 이법을 지구 사랑으로 확장하고 있다.

> 사는 것이 고달파서
> 가던 길옆에 잠시 멈추니
> 반겨주는 들꽃
>
> 한걸음 물러서서 보면
> 앞에 가는 사람의 일그러진 표정
>
> 끌려가듯 거친 숨 몰아쉬며

쓰러질 듯 지친 모습

움켜쥐려고 용만 쓰다
때를 놓치는 사람들

가야 할 길을 놓치고
지쳐서 길옆에 주저앉으니

한걸음 물러서서
"사는 게 힘들지?"
안아주는 들꽃

-「들꽃 어머니」 전문

  사는 것이 고달프고 힘든 사람들, '움켜쥐려고 용만 쓰다 / 때를 놓친 사람들'과 가야 할 길을 놓친 사람들에게 주는 들꽃의 위로와 위안을 노래하고 있다. 자연과 더불어 자연 속에 사는 사람들은 행복하다. 아무리 힘들어도 자연의 품에 안기면 어머니 품에 안긴 듯이 스르르 녹아내린다. 그래서 시인은 들꽃을 '어머니'로 승화시키고 있다. 이런 연유로 도시인들은 틈만 나면 자연을 찾고 자연에 안기려 한다. 농촌과 어촌에서 자연과 더불어 사는 사람들은 고된 육체노동으로 몸은 힘들어도, 순박하고 넉넉한 인심으로 살아간다. 이 외에도 「풀꽃」에서는 '있는 듯 없는 듯한 향기는/ 허리를 굽혀야 맡을 수 있다'라고 작은 것에 대한 관심과

겸손한 마음을 노래한다. 작지만 당당하고/들판을 꽃밭으로 만든다고 표현하여 작은 풀꽃이 주는 위로와 큰 힘을 표출하고 있다.

    대저택 고급 아파트 펜트하우스를
    비웃는 달팽이

    원조 캠핑카
    단칸방을 등에 업고
    잎줄기 고속도로를 하루 종일 달린다

    살던 곳에서 떠나고 싶으면
    망설임도 없이 짐을 싼다
             - 「원조 캠핑카」 부분

  위의 시에서 시인은 껍질을 집으로 업고 다니면서 그 단칸방에서 유유자적하는 달팽이를 통해 욕심 없는 삶, 친환경적이고 건강하고 여유로운 삶을 제시하고 권유한다. '살던 곳에서 떠나고 싶으면/ 망설임도 없이 짐을' 싸서 잎줄기 고속도로를 달리는 달팽이의 단칸방 집을 '원조 캠핑카'라고 명명하는 재치 속에 '대저택 고급아파트 펜트하우스'를 비웃는 비판과 풍자가 돋보인다.

    먹구름 몰아내고 기름진 논밭 만드는 바람

먹구름 몰고 와서 물바다 만드는 놀부 바람

　　만선을 꿈꾸게 하는 순한 바람
　　고기잡이배를 뒤집는 난폭한 바람

　　풍매(風媒)로 꽃에 열매를 맺게도 하지만
　　마을을 부숴버리는 무법자 태풍

　　참모습을 알 수 없는 야누스 바람
　　무자비한 횡포로 산과 들 바다가 오들오들 떤다
　　　　　　　　　　-「야누스 바람」 부분

　도움을 주는 순하고 고마운 바람의 속성과 '마을을 부숴버리는 무법자 태풍' 등의 무자비한 횡포를 부리는 바람의 부정적 속성을 대조해서 표현하고 있다. 바람의 이중성과 양면성을 서로 반대되는 두 개의 얼굴과 모습을 가진 로마의 신神 야누스에 비유하여 실감 나게 표현한다. 이러한 대조법은「돌담의 비밀」에서도 효과적으로 표현되고 있다. 길을 내주기 위해 숭숭 구멍 뚫리게 쌓은 돌담을 순하게 지나가는 바람과, 길이 막히면 파괴자로 변하여 닥치는 대로 무너뜨리는 바람의 양면성을 대조적으로 제시하면서, 바람 길을 위해 구멍 뚫리게 담을 쌓는 지혜를 노래한다. 사람과 사람 사이에서 지녀야 하는 여유를 자연의 이법을 통해 제시해준다.

3. 세태 비판과 사랑

박명래 시인의 사회에 대한 관심은 변해 가는 현 세태에 대한 비판과 안타까움, 세대 간의 갈등, 그리고 어려움을 극복하는 의지에 대한 찬양 등으로 나타난다.

> 아파트는 동물농장
> 부모는 추방당하고 애완동물이 사랑을 점령했다
> 유모차는 사라지고 개모차만 있다
>
> 대화는 카톡으로
> 만남은 영상통화로
> 생계는 주문 택배로
>
> 지하철에서도 스마트폰의 노예가 된다
> 이어폰으로 틀어막는 귀
> 경로석은 세대 간 단절된 외딴섬
>
> 짧은 휴일 긴 연휴에도
> 낳은 정 기른 정 외면하고
> 여행 떠나는 신세대
> ㅡ「요지경 세상」 부분

금년(2025년)의 추석 연휴는 특별히 길었다. 앞뒤로 개천절과 한글날이 연결되어 일주일 이상 계속되었다. 연휴가 이렇게 긴데도 추석에 조상 찾고 차례 모시는 가정은 40%에 불과하다는 언론 보도가 있었다. 대신에 외국으로 국내로 여행 가는 사람은 더욱 늘어나서 공항이 초만원을 이루었다. 시인은 젊은 세대의 모습을 여러 각도에서 묘사하면서 비판과 안타까움을 표현한다. '고목과 어린나무가' 어울려 살아가는 숲을 보면서 지난날 대가족이 모여 정을 나누며 살던 훈훈한 시절을 그리워하고 있다. 특히 '부모는 추방당하고 애완동물이 사랑을 점령'한 아파트를 '동물농장'이라고 명명한다. 부모에 불효하고 조상 제사도 거르고 자녀도 안 낳고 '개모차'를 끌고 개인적인 생활을 즐기는 세대, '세대 간 단절된 외딴섬'이 되어 버린 지하철 등, 여러 가지 현대인의 생활 양상을 비판적으로 제시한다. 또한 「우리들 모습」에서는 '두더지 게임 오락실'에서 두더지 머리를 두드리는 입시준비생, 취업준비생, 직장인 실직자 등의 각기 다른 모습과 심리를 묘사한다. 특히 '세상이 불공정하다고 화산 폭발하듯 분노하면서/ 약자한테는 망치를 휘두르는 우리들'이라 하여, 피해자 의식 속에 자기보다 더 약한 이에게 강자 노릇을 하는 '우리들'을 비판한다. 분노조절 기제가 작동을 멈춰 버려서 각종 사고를 일으키는 현대인의 심리를 비유를 통해 잘 표현하고 있다.

> 층간 소음 주차 공간 놀이터 아파트의 갈등
> 힘없는 경비 아저씨, 갑질하는 주민들

헝클어진 실뭉치를 풀던
어머니 모습이 떠오른다

침침한 방에서
안경 코에 걸고 거친 손으로
숨어있는 실 끝을 찾으려고
온 정신을 손끝에 집중하셨다

기적같이 실 끝을 찾아내고
사랑으로 옷을 지으시던 어머니

실뭉치를 풀 수 있다는 의지로
이웃을 사랑으로 손잡아주셨다
- 「실뭉치 풀기」 전문

  아파트 등 좁은 주거공간에서 서로 등을 맞대고 사는 도시인은 층간 소음, 주차공간, 놀이터 문제 등 이웃간의 갈등으로 피로하다. 작은 부富와 지위를 자랑하며 갑질하는 사람, 그것을 감내해야 하는 사람의 갈등 속에 끔찍한 사고가 일어나기도 한다. 시인은 도시에 살면서 이렇게 갈등하는 이웃을 보며 그 옛날의 어머니를 모셔온다. 어머니는 침침한 불빛 아래서도 헝클어진 실뭉치를 풀기 위해 숨어 있는 실끝-실마리를 찾아내어 사랑으로 옷을 지으셨다. 그 사랑과 의지로 이웃을 손잡아 주셨다. 두 가지 대조되는 상황을 제시하면서 안타까운 현대 도시인에게 사랑의 해결책을 제시하고 있다. 또한「돌고 돌아요」에서는 지하철을 이용하는 도시인들의 다양한 삶의 양태를 묘사하면서 돌고 도는 에스컬레이터, 돌고 도는 지구를 통해 삶의 이치를 깨닫게 한다. 박 시인은 자연이나 사물, 삶의 이치를 묘사할 때 대비적으로 표현하는 시가 많다.「화살표와 화살」에서는 '세상을 이끌어가는 신기한 화살표'와, '화살을 쫓아가'는 '어리석은 사람들'을 대조적으로 묘사한다.「막힌 벽 열린 문」에서도 눈을 가리고 귀를 막고 이웃의 소리도 막고 오는 것도 가는 것도 막는 '벽'과, 서로 받아들이고, 세상 모두를 끌어안으며 마음의 그릇을 키워주는 '열린 문'을 대조적으로 제시한다.「우물 안 개구리」에서는 이래라저래라 간섭하는 어르신, 편견과 오해, 선입견으로 가득한 세상을 비판적으로 묘사하지만「멋진 어르신들」에서는 이와 대조적으로 가난과 전쟁과 결핍 등 온갖 어려움을 겪어온 한 맺힌 역사와 그것을 극복하느라 애써온 어르신들의 자랑스러운 '무용담'에, 듣고 있던 등나무로 하여금 꽃송이로 '보랏빛 금메달'을 걸어드리게 하여 찬양과 존경심을 표출하고 있다.

    핫한 도심 건물

    천장에 매달린
    오수관
    급수관

배기관
모두 발가벗고 지나간다

란제리 패션쇼
섹시하게 런웨이 걷는 모델
적나라하게 보여주는 자신감
　　　　　　- 「벌거벗은 인테리어 건물」 부분

　현대의 건축물이 가끔 천정을 드러내어 '오수관 급수관 배기관'이 모두 발가벗고 있는 것을 볼 수 있다. 란제리 패션쇼의 적나라한 노출 등을 열거하면서 '속을 보여준다는 것은/ 내 마음속에 네가 있다는 것'이라고 스마트폰 시대 사랑 방정식이라 명명한다. 이처럼 시인은 세태에 대한 비판과 함께 변화해 가는 사회에 대한 관심이 지대하다. 「2024 파리 하계 패럴림픽」에서는 비장애인 경기를 실력으로 보여주는 장애인들의 집념과 노력에 찬사를 보낸다. 자존감이 약하고 자신감을 잃은 젊은이에게 들려주는 영웅 이야기로 열정과 집념과 노력이 있으면 불가능은 없다는 메시지를 주고 있다.

4. 환경오염과 민족의 한恨

　시인의 사회에 대한 관심은 환경오염과 기후위기로도 나타난다. 또한 시인의 관심은 남북으로 나뉘어 긴 세월을 그리움과 고통으로 살아가는 민족의 한恨과 아픔에 대한 공감으로 나타난다.

> 죽어가는 바다
> 윤기를 잃어가는 갯벌
>
> 강으로 바다로 흘러드는 쓰레기
> 넓고 깊은 바다는 분별없이 받아들인다
>
> 둥둥 떠다니는 해양 쓰레기
> 하얀 거품 물고 쉼 없이 밀어내며
> 바다를 휘젓는 파도
>
> 밀물 썰물도 밀려오며 밀려가며
> 썩어가는 갯벌을 정화 시켜보지만
> 악순환으로 위협받는 바다
>
> 태평양 공해상에 떠 있는 해양 쓰레기 섬
> 생선 뱃속에서 나오는 플라스틱 조각
> 중금속으로 오염된 밥상
>
> 막 버리는 쓰레기의 악순환
> 소리없이 죽어가는 바다
> 소리없이 죽어가는 사람들
>   - 「악순환」 전문

인간들이 아무 의식도 없이 마구 버리는 쓰레기가, 분별 없이 받아들이는 바다에 모여서 둥둥 떠 다니다가 '태평양 공해상에 떠 있는 해양 쓰레기 섬'이 되었다.

　크리스 조던은 다큐멘터리 「알바트로스」에서 인류가 버린 플라스틱 폐기물의 심각성을 고발하고 있다. 미드웨이 섬은 북태평양 한가운데 있어서 육지로부터 멀리 떨어져 있는 섬이다. 이 섬에 서식하는 알바트로스는 바다에 떠다니는 플라스틱 조각을 먹이로 착각하고 새끼에게 먹여서 결국 죽음에 이르게 한다. 죽어 있는 새의 배를 갈라 보면 각종 플라스틱 쓰레기가 위장을 가득 채우고 있어서 보는 이를 끔찍하게 한다. 우리가 아무 생각 없이 사용하고 함부로 버린 플라스틱 빨대가 코를 찔러서 괴로워하다가 죽어가는 거북이 모습을 언론보도에서 본 적이 있다. 이러한 사례와 마찬가지로 바다의 물고기들은 플라스틱을 먹이로 착각하고 먹는다. 이 생선이 우리 밥상에 올라오고 인간도 플라스틱과 '중금속으로 오염된 밥상' 앞에서 병들어 죽어간다.

　시인은 '소리 없이 죽어가는 바다/ 소리 없이 죽어가는 사람들'이라고 하여 스스로의 잘못된 행동으로 '악순환'을 겪으며 사람도 자연도 죽어가는 환경오염의 심각성에 대해 경고하고 있다.

　　지구를 흔들어 깨운다

개구리는 계곡을 깨우고
꽃눈 잎눈은 숲을 깨운다

인간은
지구를 이산화탄소로 흔들어 깨면서
기후 위기로 몰아가고 있다
북극 남극의 빙하가 점점 사라진다

자연의 섭리를 거스르면
지구가 파괴되는 대재앙이 올 거라고
개구리는 개골개골 울부짖는다
- 「경칩」 전문

  경칩은 24절기 중 세 번째 절기로 봄의 시작을 알리는 절기이다. 경칩(驚蟄)은 겨울잠 자던 벌레와 개구리가 놀라서 깨어나는 시기이다. 그런데 위의 시에서 개구리는, 북극 남극의 빙하가 녹아내리는 지구 온난화, 기후위기를 초래하는 인간의 행위에 의해 '지구가 파괴되는 대재앙이 올 거라고' 울부짖는다. 자연의 섭리를 거스르지 말라고 개구리 소리를 빌려서 경고하고 있는 시이다. 「민소매 울타리」에서는 동네 고샅길에서 집집마다 오장육부를 다 볼 수 있던 '민소매' 울타리 시절을 그리워하면서 '중증 혈관질환 앓는 성벽 아파트촌' '매연으로 꽉 찬 찻길'을 비판적으로 제시한다.

비늘 반짝이는 새벽 바다
숨바꼭질하는 구름과 달

먼바다에서 급하게 달려온 파도
천둥소리로 외치는 풍어 소식

파도는 새벽잠 빠진 어부들의 자명종
뱃머리에 계속 부딪히며 깨운다
"어서 일어나 고기 잡으러 가자"

신이 나서 닻을 올리는 포구
만선을 꿈꾸며 내달리는 어선
엔진소리는 실향민 어부들 심장소리

북방한계선 바다는 홍어 황금어장
남북 홍어 떼 술래잡기하는 인당수
서해 북방한계선 아슬아슬한 백령도 홍어잡이
　　　　　　　- 「백령도 홍어잡이」 부분

　박명래 시인은 해군대학 교수를 지내고 해병대에서 오래 근무한 장교 출신 애국 시인이다. 그는 아마도 백령도에서도 근무했을 것이다. 그래서인지 그에게는 민족의 한恨과 실향민의 애타는 아픔에 공감하는 시가 많이 있다. 백령도는 우리나라 서해 최북단에 위치한 섬으로 북녘땅 장산곶이 17km밖에 안되는 지근 거리에 있다. 백령도에서의 홍어잡이는 그냥 홍어잡이가 아니다. 남북으로 갈라져서 육안으로도 볼 수 있는 북녘땅에 두고 온 가족들을 한평생 그리워하며 살아야 하는 실향민의 한스러운 삶이다. 그래서 배의 '엔진 소리는 실향민 어부들 심장소리'이다. 풍어 소식으로 그들을 부르는 바다는 북방한계선 가까이 있는 홍어 황금어장이다. 홍어 떼에게는 국경선이 없기에 그들은 떼 지어 남북을 넘나들며 술래잡기한다. 백령도와 북녘땅 사이에 있는 바다가 심청이가 눈먼 아비를 위해 빠져 죽은 인당수라 한다. 우리가 뉴스에서 북방한계선을 넘어온 중국 어선을(북한 어선은 거의 없다고 한다) 경고하고, 밀어내고, 도 안 되면 나포해야 하는 그 바다이다. 필자도 지난 9월에 백령도에 갔다가 맑은 날 육안으로도 보이고 망원경으로는 확실하게 보이는 북녘땅을 보면서 실향민의 안타깝고 기막히고 한스러운 80여년의 삶과 지금도 계속되고 있는 그들의 한(恨)을 생각하고 가슴 아픔을 금할 수 없었다.

  천칠십 년 전 분화(噴火)한 백두산
  민족의 영산
  단군 신화 태어난 곳

  화산 폭발하듯 솟아오른 화염 단풍
  웅장한 용암 단풍 흘러내리면서
  계곡에 벽화를 그린다
  (중략)

천 년 전 분화(噴火)한 한라산
　　흰 사슴 노닐던 전설의 백록담

　　천년을 떨어져 살아온 형제 분화구
　　천지와 백록담은 홍익인간 정신이 담긴 곳

　　만추로 하나 되는 삼천리 금수강산
　　　　　　　　　　-「하나 되는 금수강산」 부분

　대한민국의 영토 중에 가장 북쪽에 위치한 '민족의 영산' 백두산에 든 단풍이 남으로 내달려 설악산 지리산을 모두 물들이고 무지개 다리를 건너 한라산에까지 불을 붙인다. 만추의 단풍불로 천지와 백록담이 하나 되고 '삼천리 금수강산'이 하나가 된다. 얼마나 하나 되기를 원하면 시인은 단풍불로 하나되는 국토의 지도를 그리고 있을까.

　　남북으로 곧게 뻗은 철길
　　봄 바다 향기는 고속열차로 환승한다

　　차창 밖 터질듯한 산수유 꽃망울
　　검불잠에서 깨어난 벌나비

　　춘곤증에 꿈속을 달리면서
　　봄의 금강산을 유람한다

남녘의 봄소식을 싣고 북쪽으로 달리지만
　　　군사 분계선에 가로막혀 멈춰 선다

　　　피난민의 한이 맺힌 한탄강
　　　다시 또 긴 한숨을 토한다

　　　바람만이 자유롭게 오갈 수 있는 북녘땅
　　　꿈에 본 생생한 고향의 고샅길

　　　핏줄 찾아가고 싶어 울부짖는 기적소리
　　　고속열차는 달리고 싶다
　　　　　　　　　-「고속열차는 달리고 싶다」 부분

　남녘 제주도의 '봄바다 향기'가 고속열차를 타고 북쪽으로 달리지만 '군사분계선에 가로막혀 멈춰선다' '피난민의 한이 맺힌 한탄강'도 긴 한숨을 쉰다. '바람만이 자유롭게 오갈 수 있는 북녘땅'에 남겨두고 온 핏줄을 찾아가고 싶어 기적이 울부짖는다. 고속열차가 달려서 남녘 소식 북녘 소식 실어갈 수 있다면 얼마나 좋을까. 철원 비무장지대 월정리역에 폭격 맞아 두 동강이 난 기차 몸통에 두르고 있는 글자, '철마는 달리고 싶다'를 연상시키며 이산가족의 한, 실향민의 한에 공감하는 시이다. 이처럼 박명래 시인은 해병대 장교로 거의 평생을 바치면서 누구보다 민족의 아픔에 공감하는 시인이다.

5. 가족사랑과 뫼비우스의 띠

시인에게 가족사랑의 시가 빠질 수 없다. 시인은 아버지와 어머니의 자랑스러운 삶을 회억하고, 아울러 현재 곁에 있는 '아름다운 세 여인'을 보며 헌신하는 사랑을 노래한다. 시인에게 있어서 사랑과 정情은 뫼비우스의 띠와 같이 늘 돌아오고 있다.

>일제 강점기 암울했던 시절
>덕망가의 후손으로 태어나
>할아버지 따라서
>천주교 입교하시고
>소중한 자유를 깨달으신 울 아부지
>
>해방 후
>삼십 대 젊으신 나이에
>공산주의자들과 맞서 싸우셨고
>한국전쟁 시 반공 활동을 하셨다
>빨갱이 놈들에게 희생당하셨다
>큰 뜻을 이루지 못하신 울 아부지
>
>논산시 은진 관촉사 입구

자유 수호 순국 지사 위령비
　　이름 석 자 남기신
　　자랑스런 울 아부지
　　　　　　　　　- 「자랑스런 울 아부지」 부분

　시인은 어려서 잃은 아버지에 대한 자랑스러움과 존경의 마음을 시로 표현하고 있다. '덕망가의 후손으로' '천주교 입교'하신 아버지, 공산주의자들과 맞서 싸우고 한국전쟁 때도 반공활동 하시다가 '빨갱이들에게 희생당'하신 아버지, '자유 수호 순국지사 위령비에' 이름 새겨진 아버지를 기리면서 '막내아들은' '아부지의 큰 뜻을 기억'하겠다고 다짐한다. 민족의 비극적 전쟁 속에 태산 같은 아버지를 잃은 어린 아들의 상실감과 그리움은 행간에 숨겨두고 있다.

　　한국 전쟁 때 반공 활동하신
　　아부지를 여의시고
　　어린 오남매를 홀로 키우셨다

　　삼십 대 청상과부로 모진 풍파 속
　　형제자매끼리 우애 있게 지내고
　　홀어미 자식 소리 듣지 않도록
　　언행 조심하게 하시며
　　이웃과는 콩 한 쪽도 나누고 살아가라고
　　가르치셨다

언제나 맛있고 좋은 것은 어린 오남매 먼저였고
해진 옷을 입으면서도 예쁘지? 하셨던 울 엄마

어린 오남매에게는 사랑을 베푸셨고
기댈 어깨만 내어주시고
번듯하게 키워주신 자랑스런 울 엄마

따뜻한 밥상 한번 제대로
차려드리지 못했다
- 「자랑스런 울엄마」 부분

 일찍 가장을 잃은 아내와 자식들은 하늘이 무너지는 듯한 슬픔과 상실감은 물론이고, 살아가야 하는 현실적인 어려움에 직면했을 것이다. '삼십대 청상과부로 모진 풍파 속'에서 어린 오 남매를 키워내려면 얼마나 노력해야 가능한 것일까. 그래서 엄마는 배고픈 자식을 위해 '난 배불러' 하면서 허리띠를 졸라매었다. 몸이 아파도 '좀 쉬면 나아질 거야' 하고 아픔을 참으면서 자녀들을 안심시키셨다. 그래도 '홀어미 자식 소리 듣지 않도록/ 언행 조심하게/ 이웃과는 콩 한 쪽도 나누면서 살아가라'고 엄격하게 가르치셨다. 그런 엄마의 희생과 사랑과 교육 덕분에 어린 오남매가 어엿하게 자라났을 것이다. '기댈 어깨만 내어주시고/ 번듯하게 키워주신' 엄마에게 '따뜻한 밥상 한번 제대로/ 차려드리지 못했다'고 회한에 잠기는 시인은 하늘나라 엄마와 영상통화를 시도하지만 스마트폰은 무용지물이고 엄마 모습은 아득히 멀다. 불가능한 것을 알면서도 불러 보고 싶은 엄마에 대한 그리움이 애잔하다.

    예쁜 봄날
    평범한 옷차림으로
    성내천 둘레길을 걷는다

    봄바람 속 도란도란하는 이야기
    벚꽃이 재미있다고 활짝 웃는다

    아내
    딸내미
    며늘아기
    벚꽃보다 예쁘다
    (중략)
    가족을 위해서
    궂은일 마다 않고
    헌신하는 아름다운 세 여인
    오래오래 사랑하고 싶다
                         - 「아름다운 세 여인」 부분

  어릴 때의 힘든 시기를 지나서 시인은 행복한 지금을 그리고 있다. '예쁜 봄날' 성내천 둘레길을 걸으며 도란도란

이야기하는 세 여인을 보며 벚꽃도 재미있다고 웃어준다. '아내/ 딸내미/ 며늘아기'는 '마음씨/ 솜씨/ 맵시/ 말씨'가 벚꽃보다 더 예쁘다. 가족을 위해서 헌신하는 세 여인을 '오래오래 사랑하고 싶다'고 표현하는 시인은 사랑이 많은 남편이고 아버지이다. 그리고 사랑을 표현할 줄 아는 사람이다.

> 사랑은 마음이 하나로 뭉친 정
> 정은 고소한 향기로 뭉친 사랑
>
> 사랑은 초콜릿
> 정은 누룽지
>
> 사랑과 정은 뫼비우스의 띠
> ―「뫼비우스의 띠」 전문

뫼비우스의 띠는 안팎을 구별할 수 없고 끝없이 연결되어 있는 띠 구조이다. 그리고 명확한 기준으로 구별할 수 없는 경계를 표현할 때 비유로 활용된다. 시인은 사랑과 정을 정의하면서 뫼비우스의 띠에 비유하고 있다. 위에서 말한 바와 같이 사랑이 많은 시인은 살아가면서 느끼는 정情을 사랑에, 사랑은 정에 연결되어 구별할 수 없다고 정의한다. 시집의 표제시인 '뫼비우스의 띠'에 시인의 이러한 사랑법이 담겨 있다.

시인은 「지게와 작대기」에서도 가족사랑을 노래한다. '더울 때나 추울 때나 짐이 있으면/ 어깨에 굳은살이 박혀도/ 처자식들 생각하면서/ 작대기를 짚고 힘차게 일어선다'고 하여 아버지의 헌신을 그리고 있다. 지게와 작대기는 서로 떨어질 수 없는 사이로, 현대의 아버지들도 이처럼 가족 부양의 짐을 지고 힘차게 걸어 나갈 것이다. 이 밖에도 시인은 「우리 동네 꽃집」과 「송파둘레길 쉼터」 등에서 자신이 살고 있는 동네에 대한 사랑을 표현하고 있다.

> 어찌 보면
> 새싹
>
> 어떻게 보면
> 장난감 팔랑개비
>
> 또다시 보면
> 새마을 운동모자 표지 같고
>
> 생각하고 보면
> 나의 심장
> 　　　　　　- 「나의 싸인」 부분

시인은 부모 사랑, 슬하의 가족 사랑 등 사랑에서 우러나오는 자기애로 본인의 '싸인'을 바라본다. 새싹 같기도, 장난감 팔랑개비 같기도 한 싸인은 '생각하고 보면/ 나의 심장'이다. 심장이 멈추면 한순간도 살아갈 수 없듯이 시인은 '싸인'을 나의 심장이라고 상징적으로 제시하면서 자기애와 자존감을 표현한다.

이처럼 박명래 시인은 자연친화와 사회의식, 세태 비판, 사람살이의 이법, 기후위기, 민족의 한(恨)과 아픔에 공감하는 시, 가족사랑 등 다양한 주제를 순박한 언어와 쉬운 표현을 통해 독자를 견인한다. 이러한 여러 장점을 지닌 박명래 시인의 시가 앞으로 좀 더 차원 높은 표현 속에 꽃피어 갈 것을 기대하고 기원한다.

박명래 시집

뫼비우스의 띠

초판 발행일 2025년 11월 20일

   지은이 박명래

    펴낸이 양상구
  웹디자인 김초롱
    펴낸곳 도서출판 채운재
      주소 우) 01314 서울시 도봉구 시루봉로 15라길 38-39 301호
      전화 02-704-3301
      팩스 02-2268-3910
   H · P 010-5466-3911
   E-mai ysg8527@naver.com

      정가 15,000원
    ISBN 979-11-92109-97-8(03810)

@박명래 2025
* 이 책은 저작권법에 따라 보호받는 저작물이므로 무단전재와 무단 복제를 금지하며 이 책의 내용 전부 또는 일부를 이용하려면 반드시 저작권자와 도서출판 채운재의 동의를 받아야 합니다.
* 파손 및 잘못된 책은 구입처에서 교환해 드립니다.